ESTÉRELLE PAYANY

EXTRACTEUR DE JUS

PHOTOGRAPHIES ET STYLISME
MARIE LAFORÊT

éditions La plage

Pour être tenu au courant de nos publications,
envoyez vos coordonnées à :
info@laplage.fr
www.laplage.fr

© Éditions La Plage, Paris, 2014
ISBN : 978-2-84221-384-8
Conception graphique : David Cosson – dazibaocom.com
Préparation de copie : Clémentine Bougrat
Marie Laforêt remercie la société Keimling pour le prêt de l'extracteur de jus Greenstar.
Page 11 : photos en haut à droite © Eric Fénot.
Autres photos page 11 et 7 : DR

Imprimé sur du papier issu de forêts gérées durablement,
à Barcelone, sur les presses de Beta (ES), imprimeur labellisé
pour ses pratiques respectueuses de l'environnement.

Toute reproduction, intégrale ou partielle, par quelque procédé que ce soit, de la présente publication, faite sans l'autorisation de l'éditeur est illicite (article L/122.4 du Code de la propriété intellectuelle) et constitue une contrefaçon. L'autorisation d'effectuer des reproductions par reprographie doit être obtenue auprès du Centre français d'exploitation du droit de copie (C.F.C.) – 20, rue des Grands-Augustins – 75006 Paris – Tél. : 01 44 07 47 70.

SOMMAIRE

Tout ce que vous avez toujours voulu savoir sur l'extracteur 4

JUS, SOUPES ET COMPAGNIE
Freshbet 14
Mon petit chou 14
Casimir 16
Pancakes confettis 16
L'ananamour 18
Petits moelleux à la pulpe 18
Ricard'eau 20
Vert de joie 20
Soupe froide de concombre et de kiwis aux herbes 22
Chlorophylle power 22
Gaspacho 24
Ajo Blanco 26
Conseils jus par jus 28

PLATS ET CONDIMENTS
Pâté aux shiitakés 34
Muhammara 34
Caviar de betteraves à la libanaise 36
Tartinade de courgette à la grecque 36
Pesto alla genovese 38
Pesto de coriandre aux graines de courge 38
Houmous et falafels de pois chiches germés 40
Semoule de chou-fleur 42
Risotto tout vert aux pluches 44
Purée de pommes de terre 46
Canederli 48
Pâtes fraîches 50
Dukkah 52
Baharat 54
Pâte de curry thaï 55
Sambal de coco 56

LES DESSERTS
Mousse chocolavocat 60
Macarons d'Amiens 62
Gelée de rhubarbe à l'anis étoilé 64
Sorbet aux fruits 66
Granité de pastèque à l'estragon 68
Truffes azukao 70
Truffes marocaines 72

TOUT CE QUE VOUS AVEZ TOUJOURS VOULU SAVOIR SUR L'EXTRACTEUR

Vous hésitez à vous en offrir un, ou vous êtes le tout nouveau possesseur de cette drôle de machine bien différente de votre blender ? Voici l'essentiel à savoir pour utiliser son extracteur à 100 % de ses possibilités.

Un extracteur, comment ça marche ?
L'extracteur utilise le principe de la vis sans fin ou de rouleaux broyeurs pour écraser les aliments. Avec un système de filtre, il permet de récupérer d'un côté le jus des fruits et légumes qu'il broie, et de l'autre leurs fibres sèches. Il permet également de réduire en purée oléagineux, graines, épices, légumes cuits…
Sa grande force : comme il tourne lentement (entre 40 et 120 tours par minute selon les modèles), les aliments ne sont pas échauffés et leurs vitamines et nutriments sont parfaitement préservés. Non oxydé, le jus est ainsi riche en minéraux, vitamines et nutriments, mais ne contient plus de fibres.

Pourquoi ce n'est pas une centrifugeuse… ni un blender
Une centrifugeuse sépare le jus de la pulpe des fruits grâce à un système de rotation et de force centrifuge. Produit à grande vitesse, le jus est déjà oxydé, se conserve très peu et présente des caractéristiques nutritionnelles altérées. D'autre part, le rendement d'une centrifugeuse est le plus souvent inférieur à celui d'un extracteur de jus. Enfin, son tamis orné de multiples trous est souvent difficile à laver. Le blender utilise, lui, des lames de couteau broyeur tournant à 1 000 à 30 000 tours par minute : la boisson obtenue contient donc non seulement des minéraux et des vitamines, mais également des fibres broyées.

Les avantages de l'extracteur
On devient souvent fan de son extracteur, outil encore peu commun, à mesure que l'on essaie d'y transposer ses recettes habituelles.

• Pour les préparations broyées : la texture est bien différente de celle, ultralisse, que l'on obtient au blender. Elle est proche de celle obtenue à l'aide d'un mortier, pleine de contrastes goûteux, et les saveurs ressortent de façon plus franche. Essayez tout simplement un pesto pour comprendre la différence ! Autre préparation bluffante : la purée de pommes de terre. Traditionnellement, elle ne peut se faire qu'à la main, sous peine de voir l'amidon devenir collant… mais pas ici.

• Pour les jus : le jus obtenu à l'extracteur ne contient pas de fibres ; le corps absorbe plus facilement et plus rapidement les nutriments qu'il contient car le travail de digestion est considérablement réduit. Assimilé en 20 minutes environ, le jus devient une véritable bombe de vitamines et de vie dans l'organisme. Obtenu sans échauffement, il a une saveur plus subtile et se conserve mieux : alors qu'un jus centrifugé doit être consommé dans l'heure, un jus obtenu à l'extracteur peut être conservé pendant 12 à 72 heures au réfrigérateur, selon le modèle de machine.

Pour bien choisir
Avant d'arrêter votre choix sur un modèle précis, posez-vous les questions suivantes.
• Comptez-vous en faire un usage quotidien (tous les matins pour un jus) ou occasionnel (juste l'été, à la saison des fruits, jus et confitures) ?
• Avez-vous la place de le laisser sur votre plan de travail ?
• Quel équipement possédez-vous déjà ?
• Souhaitez-vous l'utiliser pour d'autres préparations que des jus ?
• Les accessoires (kit à pâtes, kit à pâtisserie) sont-ils compris dans le prix de l'extracteur ou sont-ils à acheter à part ?
L'idéal bien sûr est de vous en faire prêter un pour voir si l'extracteur convient à vos besoins. Personnellement, je l'avais surtout acheté pour les jus de légumes, mais sa fonction « broyer » m'a conquise et j'ai en conséquence ôté un robot mixeur de mon plan de travail pour lui faire de la place. C'est idéal pour manger plus facilement des légumes (notamment en tartinades) et limiter le gaspillage, par exemple pour les fines herbes. À prendre en compte lorsqu'on considère l'investissement !
Autre point clé : la facilité de lavage. Ça n'a l'air de rien, mais cela peut vite se révéler fastidieux, surtout si des éléments ne passent pas au lave-vaisselle ou s'il faut de multiples brosses. Privilégiez la simplicité !

Préserver son extracteur
Une fois que vous avez choisi votre appareil, prenez quelques instants pour lire attentivement sa notice. Une précaution qu'il est bon de se rappeler pour éviter de se demander à quoi sert cette petite vis ou pour ne pas chercher partout un accessoire en option. La plupart du temps, les extracteurs sont fournis avec un poussoir visant à faire progresser les aliments dans la cheminée : évitez à tout prix d'utiliser un autre objet pour les pousser ! Les manches de couteau ou de spatule en bois sont à proscrire : ils peuvent casser la vis et être éjectés dans la pièce. Pensez à rincer et laver votre extracteur dès que vous avez terminé votre préparation : certains légumes peuvent le teinter, et la pulpe est plus facile à ôter lorsqu'elle n'est pas sèche. Pour nettoyer facilement la partie filtre, n'hésitez pas à la laisser tremper dans de l'eau tiède.

Les différents modèles
Entre un extracteur manuel à 50 euros et des machines sophistiquées aux alentours de 500 euros…., il y a de quoi se poser des questions ! Voici les différents types d'extracteurs de jus actuellement disponibles sur le marché.

• **L'extracteur à main :** à fixer sur le bord d'une table, il marche à la force des bras qui font tourner une manivelle. Pratique pour les légumes et les fruits mous de type tomates, fraises, framboises, et pour ceux relativement tendres (pommes, poires, concombres, salades, graines germées…), il est d'un usage plus limité dès que l'on s'attaque à des betteraves ! Le Green Power et l'Healthy Juicer sont à utiliser pour des usages ponctuels (coulis et confitures) ou en voyage.
Ses avantages : son prix mini, sa légèreté.

• **L'extracteur vertical :** sorte de presse-agrumes monté haut sur pattes. Sa vis est placée de façon verticale et ce sont des filtres de format filtre à café qui assurent la filtration. Les modèles les plus connus sont le VRT Omega, le Fruit Star, le Slowstar, l'Hurom, l'InfinyPress de Moulinex… Malheureusement, il ne permet de faire que des jus, pas de préparations culinaires de type houmous ou purées, et ne propose pas d'accessoires pour les pâtes.
Ses avantages : encombrement réduit dans la cuisine, bonne facilité de nettoyage.

• **L'extracteur horizontal à vis unique :** sorte de gros grille-pain dont la cheminée et la tarière se montent et se démontent facilement, autour d'une longue vis sans fin. Solostar, Omega, Oscar, Jazz Max… permettent de faire non seulement d'excellents jus, mais aussi de nombreuses préparations broyées. On peut aussi leur adjoindre de nombreux accessoires, notamment pour faire les pâtes. Leur point faible : leur rendement en jus est parfois inférieur à celui d'un extracteur à double engrenage, surtout sur les jus d'herbe.
Ses avantages : polyvalence culinaire, simplicité d'utilisation, facilité d'entretien.

• **L'extracteur horizontal à double engrenage, dit aussi « à rouleaux » :** l'Angel, le GreenStar et le GreenStar Elite présentent d'excellents rendements en jus qui se conservent jusqu'à 48 heures. Les aliments passent successivement entre deux rouleaux, ainsi que des spirales selon les modèles, ce qui permet d'en tirer le meilleur. Parfois plus difficiles à nettoyer que ceux à vis unique, ces extracteurs sont aussi plus chers, mais ils tireront le maximum de jus de tout ce que vous y glisserez. Certains utilisent des aimants, supposés améliorer la teneur en minéraux des préparations et la conservation des qualités nutritionnelles du jus. Plus encombrants sur le plan de travail, ils représentent un investissement important… qui se justifie sur le long terme.
Son avantage : excellent rendement en jus.

Extracteur à main Healthy Juicer

Extracteur vertical Omega

Extracteur vertical InfinyPress de Moulinex

Extracteur horizontal à vis unique Omega

Extracteur horizontal à vis unique SoloStar 3

Extracteur horizontal à rouleaux Green Star

Les bienfaits des jus

Contrairement à un smoothie obtenu au blender, le jus produit à l'extracteur ne contient pas de fibres. Ainsi, ses nutriments sont très rapidement disponibles dans l'organisme, en 1 heure de temps au maximum. Cette biodisponibilité permet d'absorber en un volume réduit une quantité importante de vitamines, minéraux, antioxydants et enzymes : quand on voit qu'un saladier de légumes et fruits coupés donne 2 grands verres de jus, on se dit qu'on n'aurait pas si facilement pu les manger… Que ce soit tous les matins ou en cure de 1 journée ou plus, chacun trouve son intérêt à consommer du jus pour se sentir plus en forme.

Néanmoins, l'absence de fibres signifie aussi que rien ne freine le sucre contenu naturellement dans les fruits et donc les jus, et qu'il se répandra rapidement dans l'organisme. Utilisez beaucoup de légumes, et considérez les fruits pour sucrer légèrement la préparation ou atténuer des goûts marqués. Idéalement, ne dépassez pas la proportion d'un tiers de fruits pour deux tiers de légumes.

Les jus permettent aussi de consommer plus facilement des légumes que l'on a tendance à bouder : je n'aime pas particulièrement la salade verte et je suis pourtant fan du jus de romaine !

Enfin, on peut aussi y passer des restes de légumes râpés non assaisonnés, des fruits un peu moins jolis, des queues de bouquets de fines herbes… Utile pour limiter le gaspillage !

Petits conseils pour obtenir le maximum de jus

Il faut compter environ 300 g de fruits et légumes pour obtenir 20 à 25 cl de jus, selon leur maturité et leur richesse en eau et en fibres. Pour optimiser le rendement en jus, voici quelques astuces.

• Découpez vos fruits et légumes et mélangez les morceaux en les passant dans l'extracteur. En alternant les types de fibres et les teneurs en eau, on obtient un effet d'entraînement et de mélange naturel du jus particulièrement agréable.

• Alternez légumes riches en eau (fenouil, concombre…) et légumes de texture plus sèche. Commencez toujours par des légumes riches en eau ! Quant aux légumes feuilles (épinards, blettes, salades, feuilles de chou…), roulez-les et passez-les juste après un fruit ou un légume à texture dure (pomme, céleri, concombre…).

• La pulpe de certains légumes peut être pressée une seconde fois pour obtenir un meilleur rendement. Si la pulpe qui ressort vous semble humide, n'hésitez donc pas à la passer à nouveau dans la machine. C'est en général le cas pour la betterave, la carotte, le concombre…

• Il n'y a pas lieu de passer une deuxième fois les légumes de type légumes feuilles : en général, les fibres ressortent extrêmement sèches. Laissez-vous guider par le toucher des fibres rejetées, qui doivent vous sembler sèches.

• Certains fruits n'ont aucunement intérêt à passer dans un extracteur pour leur jus : tout ce que vous trouvez sous forme de nectar dans le commerce doit être broyé à l'aide de l'accessoire à broyer (ou tamis à purée, selon les extracteurs) et non de l'accessoire à jus. Oubliez bananes, mangues et framboises !

Conserver le jus

Idéalement, vous devez boire votre jus le plus rapidement possible pour profiter de ses bienfaits. Selon votre extracteur, il se conservera néanmoins de 12 à 72 heures, stocké dans un récipient en verre placé au réfrigérateur. Veillez à ce qu'il soit rempli jusqu'en haut pour limiter la surface d'oxydation et ajoutez-y un peu de jus de citron. Ainsi, une bouteille de coulis de tomates ou un simple pot à confiture sont de parfaits contenants à jus !

Imaginer ses propres recettes

La plupart des fruits et légumes donnent des résultats intéressants lorsqu'on les mélange. Pour créer vos recettes, quelques règles simples à respecter vous épargneront les déconvenues.

• À trois ingrédients au début tu te limiteras : pomme-fenouil-citron, carotte-orange-gingembre, betterave-pamplemousse-pomme… Pour débuter et découvrir vos préférences, inspirez-vous également de vos soupes et salades préférées, qui donneront souvent de bons résultats en jus. Ainsi, le mélange épinard-céleri-pomme se décline aussi bien en liquide que solide !

• Par couleurs tu raisonneras : un jus kaki ou jaunâtre n'augure en général rien de bon. Selon l'humeur, on a souvent envie d'un jus vert, jaune, rouge ou orange. Respectez votre intuition et associez vos légumes et fruits par couleurs : à vous le tomate-fraise-betterave !

• Les légumes feuilles tu varieras : riches en acide oxalique, les légumes feuilles (oseille, épinards, blettes, feuilles de betterave ou de navets, choux, kales…) peuvent inhiber l'assimilation du fer et du calcium. Pour éviter cela lorsqu'on les consomme en grande quantité, il est recommandé de leur associer de la vitamine C (sous forme de kiwi, poivron ou jus de citron, par exemple) et de varier tous les jours les feuilles qu'on emploie. Diversifiez !

• À la puissance des saveurs tu penseras : l'extracteur exhauste les saveurs. Pour le gingembre, le radis, les graines germées, les fines herbes, mieux vaut ajouter une petite quantité puis en presser à nouveau si nécessaire plutôt que d'obtenir un jus imbuvable…

Que faire avec la pulpe restante ?

Certains fruits et légumes conservent un peu de jus dans leur pulpe. Même si ce sont essentiellement des fibres ne contenant plus guère de vitamines, elles peuvent être utilisées en complément dans certaines préparations :

• dans des pancakes (voir page 16) ou des cakes de type carrot cake (voir page 18) ;
• dans la pâte à pain, à muffins… ;
• dans des farces pour raviolis, cannellonis… ;
• dans la sauce tomate ;
• dans les soupes de légumes ;
• dans des tartinades de tofu, des sauces au yaourt de type tzatziki…

LES JUS D'HERBE

L'herbe de blé, obtenue en faisant germer pendant 10 jours des grains de blé, contient 70 % de chlorophylle ainsi que de nombreux nutriments comme du fer, du carotène, de l'acide folique, etc. La chlorophylle ayant une structure chimique proche de celle de l'hémoglobine qui transporte l'oxygène dans notre sang, elle a la réputation de purifier l'organisme et de renforcer le système immunitaire grâce à sa richesse en vitamines, minéraux, acides aminés, enzymes… C'est ce qui vaut à cette boisson santé le surnom d'« élixir de vie » ou encore de « plasma végétal ».

C'est en jus qu'il est le plus facile de la consommer, une habitude instaurée dès les années 1930 par Charles Schnabel. On peut aussi boire du jus d'orge ou de luzerne germée, assez intense en goût et légèrement sucré. On en boit d'habitude une petite quantité (3 à 5 cl), comme un « shot » de chlorophylle, ou on le consomme mélangé à d'autres légumes.
Le jus d'herbe est un peu l'emblème de l'alimentation vivante, ce mouvement diététique qui prône la consommation crue des aliments. Le vert de la chlorophylle renvoie au soleil, à la vie… et fait de cette boisson un peu mythique un symbole de pleine santé.

Tous les extracteurs n'arrivent pas à en tirer le maximum de jus : si vous êtes un consommateur régulier de jus d'herbe, privilégiez un extracteur à double vis, plus efficace avec ce type de végétaux.
Toutes les graines germées (épeautre, sarrasin, millet, soja, pois, tournesol…) peuvent être passées à l'extracteur. Néanmoins, leur goût est souvent très marqué : une poignée suffit à relever tous les jus et à les « booster ».

Conservation du jus d'herbe
La meilleure façon de conserver le jus d'herbe fraîchement recueilli est de le congeler aussitôt en utilisant un bac à glaçons, ce qui vous permettra de consommer facilement votre « dose journalière ». Vous pourrez également plonger vos glaçons dans les smoothies ou gaspacho maison.

Alors, à vos extracteurs pour mouliner
et presser comme bon vous semble !

JUS, SOUPES ET COMPAGNIE

… JUS, SOUPES ET COMPAGNIE …

LES ROUGES

FRESHBET

Donner une touche de fraîcheur à la betterave, c'est le pari réussi de ce mélange qui lui ôte son côté terreux et l'ensoleille en douceur.

INGRÉDIENTS POUR ENVIRON 400 ML

- 1 betterave violette crue (environ 200 g) • 1 bulbe de fenouil (environ 200 g)
- 2 pommes (environ 150 g) • 1 petite poire (environ 80 g)
- 6 à 8 feuilles de menthe fraîche • Le jus d'½ citron vert

MÉTHODE

Peler la betterave. La couper en dés. Éliminer la première couche extérieure du fenouil. Le couper grossièrement. Couper les pommes et la poire en morceaux. Passer à l'extracteur la betterave, le fenouil, les pommes et la menthe. Finir par la poire. Ajouter le jus du demi-citron vert fraîchement pressé et mélanger.

MON PETIT CHOU !

Le jus des choux est parfois difficile à consommer : leur goût marqué est exacerbé par la pression. Le chou rouge est le plus doux de tous. Mélangé à des saveurs plus douces, il s'offre sous son meilleur jour.

INGRÉDIENTS POUR ENVIRON 400 ML

- 1 betterave violette crue (environ 200 g) • 2 carottes • 2 pommes vertes
- 200 g de chou rouge • 125 g de framboises

MÉTHODE

Peler la betterave et les carottes. Les couper en dés. Couper les pommes et le chou en morceaux. Ôter les pépins des pommes. Rincer les framboises. Passer à l'extracteur la betterave, les carottes, le chou et les pommes. Remplacer l'embout par l'accessoire à broyer ou tamis à purée, selon votre extracteur. Passer les framboises à l'extracteur, puis mélanger la purée avec le jus.

À savoir : ce jus est plus épais et proche d'un smoothie grâce à l'ajout de framboises. Il serait dommage de les passer à l'accessoire à jus, car elles en produisent peu. Mieux vaut les utiliser en coulis ou pour épaissir les jus assez clairs.

LES ORANGES

CASIMIR

Tous les plaisirs de l'hiver en un seul cocktail de fruits et de légumes apprécié par toute la famille ! Celui que l'on fait sans réfléchir.

INGRÉDIENTS POUR ENVIRON 700 ML

• 3 petites pommes (environ 300 g) • 2 poires (environ 300 g) • 3 carottes (environ 300 g) • 2 g de gingembre frais (un morceau gros comme le pouce) • 2 oranges

MÉTHODE

Laver et couper les pommes et les poires en morceaux sans les peler. Ôter pépins et queues. Laver et peler les carottes. Peler le gingembre à l'aide d'une cuillère. Passer à l'extracteur les carottes, les pommes et les poires. Passer pour finir le gingembre. Presser les oranges et mélanger leur jus avec celui précédemment obtenu.

À savoir : le pressage des oranges à l'extracteur peut développer fortement leur amertume, comme pour tous les agrumes. Cela dépend du modèle d'extracteur et bien sûr des oranges employées ! Faites un test préalable en pelant vos oranges et jugez de l'amertume. La remarque vaut également pour les pamplemousses et les citrons.

PANCAKES CONFETTIS

Pour utiliser la pulpe sèche de la recette précédente, de délicieux pancakes sucrés qui se congèlent très bien pour les matins où l'on a peu de temps !

INGRÉDIENTS POUR UNE DIZAINE DE PANCAKES

• 150 g de farine • 2 c. à café de bicarbonate de sodium • 2 pincées de sel • 1 gros œuf • 250 ml de lait (de vache, de soja, d'amande, de riz, de noisette…) • 1 c. à s. de sirop de riz (ou d'érable) • 2 c. à s. d'huile (de colza, de noix, de noisette) • 1 c. à café d'extrait de vanille • 150 à 200 g de pulpe de fruits (ici, pomme, poire, carotte et gingembre)

MÉTHODE

Mélanger la farine avec le bicarbonate et le sel. Former un puits et verser l'œuf, le lait, le sirop, l'huile et l'extrait de vanille. Ajouter la pulpe de fruits, mélanger. Huiler légèrement une poêle et y cuire des cuillerées de pâte à feu moyen. Retourner les pancakes lorsque des petites bulles apparaissent sur leur surface. Déguster avec une salade de fruits, du sirop d'érable, du miel…

L'ANANAMOUR

Filtre de bonne mine ou filtre d'amour ?

INGRÉDIENTS POUR ENVIRON 500 ML

• 500 g d'ananas frais (soit 300 g une fois pelé) • 2 belles pommes (150 g)
• 300 g de carottes (poids net) • 1 petit morceau de gingembre frais (selon le goût)

MÉTHODE

Peler l'ananas, puis ôter ses yeux et le couper en dés. Laver et couper les pommes. Ôter pépins et queues. Laver et peler les carottes. Peler le gingembre à l'aide d'une cuillère. Passer à l'extracteur l'ananas, les pommes et les carottes. Passer pour finir le gingembre.

PETITS MOELLEUX À LA PULPE

Cousins du carrot cake, *ces moelleux permettent d'utiliser la pulpe des fruits et légumes jaunes et orange.*

INGRÉDIENTS POUR 8 PETITS GÂTEAUX

• 2 œufs • 60 g de sucre de canne blond • 50 ml d'huile (d'arachide, d'olive douce, de noisette…) • 150 g de pulpe (celle de l'ananamour est particulièrement adaptée)
• 60 g de farine • 1 c. à café de bicarbonate de sodium • ½ c. à café de cannelle moulue
• 1 pincée de sel

MÉTHODE

Fouetter les œufs avec le sucre et l'huile. Ajouter la pulpe. Incorporer la farine, le bicarbonate, la cannelle et le sel. Verser dans des petits moules à muffins légèrement huilés. Cuire 25 minutes au four à 180 °C (th. 6).

À savoir : vous pouvez ajouter à cette base toutes les noix et graines de votre choix (amandes, noisettes, pistaches…).

JUS TRÈS VERTS

RICARD'EAU

Un peu de fenouil pour le goût, du cresson pour la touche poivrée, le tonus à l'arrivée !

INGRÉDIENTS POUR ENVIRON 400 ML

- 1 poignée de feuilles de cresson • 3 pommes (environ 200 g)
- 3 petits bulbes de fenouil (environ 300 g)

MÉTHODE

Laver soigneusement le cresson. Laver et couper les pommes en morceaux sans les peler. Ôter pépins et queues. Laver et couper les fenouils en morceaux. Passer à l'extracteur les fenouils, les pommes et le cresson. Mélanger le jus avant de servir.

À savoir : s'il vous reste un peu de jus que vous ne souhaitez pas boire tout de suite, pourquoi ne pas le verser dans un moule à sucette glacée ?

VERT DE JOIE

On ne pense pas assez à mettre de la salade dans son jus ! La mâche donne tout son charme et sa richesse naturelle à ce jus.

INGRÉDIENTS POUR ENVIRON 400 ML

- 100 g de concombre • 2 pommes (environ 200 g) • 4 à 5 kiwis (environ 200 g)
- 100 g de mâche • 1 petit morceau de gingembre

MÉTHODE

Laver le concombre et les pommes. Les couper en morceaux sans les peler, mais en ôtant les pépins des pommes. Peler les kiwis. Laver et essorer soigneusement la mâche. Peler le gingembre à l'aide d'une cuillère. Passer à l'extracteur la mâche, puis les pommes, enfin le concombre et les kiwis. Passer le gingembre pour finir. Mélanger le jus obtenu à l'aide d'une cuillère avant de le verser dans les verres.

À savoir : le jus de la mâche est assez gras et tend à se figer. Il peut former des « yeux » dans vos jus, mais il mérite d'être découvert tant sa saveur est équilibrée. Et c'est du bon gras : la mâche est en effet le seul végétal pouvant afficher « naturellement riche en oméga-3 » ! À défaut de pourpier, sirotez la mâche.

VERTS « SALÉS »

SOUPE FROIDE DE CONCOMBRE ET DE KIWIS AUX HERBES

Think green… dès l'entrée.

INGRÉDIENTS POUR ENVIRON 500 ML

- 1 concombre (environ 300 g) • 2 pommes vertes (environ 200 g) • 4 kiwis
- 1 poignée de persil plat • 1 poignée de coriandre • 1 c. à soupe d'huile d'olive fruitée
- Le jus d'¼ de citron • Sel fin

MÉTHODE

Laver le concombre et les pommes. Les couper en morceaux sans les peler. Peler les kiwis. Passer à l'extracteur les pommes, puis le concombre et enfin les kiwis. Remplacer l'embout par l'accessoire à broyer ou tamis à purée, selon votre extracteur, puis écraser le persil et la coriandre. Mélanger le jus et les herbes, ajouter l'huile d'olive, le jus de citron et le sel. Placer au réfrigérateur pour au moins 1 heure avant de déguster, à l'apéritif ou en entrée.

CHLOROPHYLLE POWER

Composé de légumes, il est parfait pour un matin santé ou en apéritif.

INGRÉDIENTS POUR ENVIRON 500 ML

- 250 g de courgettes • 250 g de salade romaine • 150 g d'épinards
- 10 branches de persil • Les feuilles de 2 tiges de menthe • 2 branches de céleri
- Selon le goût : citron, petit morceau de gingembre…

MÉTHODE

Laver les courgettes. Ôter leurs extrémités et les couper en morceaux sans les peler. Laver soigneusement la salade romaine et les épinards. Rincer le persil et la menthe. Passer à l'extracteur la salade, les épinards, puis les courgettes, le céleri, le persil et la menthe. Goûter et, si nécessaire, ajouter un peu de jus de citron ou de jus de gingembre passé à l'extracteur.

À savoir : si vous en aimez le goût, vous pouvez remplacer la menthe par de l'estragon, qui donnera une saveur anisée à votre jus.

GASPACHO

Bien loin d'être une soupe liquide, le vrai gaspacho andalou est un plat complet, riche et parfumé qui peut être servi en petite quantité ou en plat plus généreux. À savourer dans la chaleur de l'été !

INGRÉDIENTS POUR 4 PERSONNES

• 1 gousse d'ail • 1 petit oignon (environ 50 g), frais ou rouge
• 300 g de tomates bien mûres • 200 g de concombre • 50 g de pain rassis
• 1 c. à soupe d'huile d'olive • 2 c. à soupe de vinaigre de xérès
• 250 ml d'eau • Sel fin

MÉTHODE

Peler l'ail et l'oignon, puis les hacher grossièrement.

Couper les tomates et le concombre en petits morceaux.

Émietter le pain au fond d'un grand saladier. Couvrir de tomates, de concombre, d'ail et d'oignon. Saler.

Ajouter l'huile, le vinaigre et l'eau.

Placer pour 2 heures au réfrigérateur afin que le pain s'imbibe.

Passer le contenu du saladier à l'extracteur muni de son accessoire à broyer ou tamis à purée, selon votre extracteur, en récupérant bien le jus.

Goûter et rajouter un peu d'huile d'olive et de vinaigre selon le goût. Ajouter éventuellement un peu d'eau pour une texture plus fluide.

AJO BLANCO

Surnommée « gaspacho blanc », cette riche soupe à base d'amandes et d'ail est rassasiante et rafraîchissante en plein été... et toute l'année ! Elle se conserve jusqu'à 3 jours au réfrigérateur. J'aime particulièrement la servir à l'apéritif, dans de petits verres.

INGRÉDIENTS POUR 4 PERSONNES

- 100 g d'amandes blanches
- 1 gousse d'ail
- 30 g de pain blanc rassis
- 3 c. à soupe de vinaigre de xérès
- 20 grains de raisin blanc
- 400 ml d'eau
- 1 c. à soupe d'huile d'olive
- ½ c. à café de sel
- Poivre du moulin

MÉTHODE

Hacher grossièrement les amandes et l'ail. Émietter le pain rassis. Mélanger les amandes, l'ail, le pain, le vinaigre, le poivre et le sel. Placer au réfrigérateur et laisser mariner 1 nuit. Le lendemain, passer le tout à l'extracteur muni de l'accessoire à broyer ou tamis à purée, selon votre extracteur. Passer les raisins à l'extracteur muni de l'accessoire à jus. Émulsionner la pâte précédente avec l'eau, l'huile d'olive et le jus de raisin blanc obtenu. Poivrer au goût. Placer pour 1 heure au réfrigérateur avant de déguster.

Astuce : si vous n'avez que des amandes brutes, ce n'est pas une raison pour ne pas tenter cette recette ! Il vous suffit de les couvrir d'eau bouillante pendant 15 minutes pour pouvoir ensuite les peler sans difficulté.

CONSEILS JUS PAR JUS

Ingrédients	Préparation	Rendement en jus	Conseils
Abricots	Coupés en deux, dénoyautés.	++	Casser 3 noyaux par kilo d'abricots et les passer à la fin à l'extracteur pour une note renforcée.
Agrumes	Pelés.	+	Peuvent développer fortement leur amertume, en fonction du modèle d'extracteur. Faire un test préalable pour juger, en pelant ou non à vif.
Ail	Ne pas le peler.	Faible	Très concentré en saveur ; en utiliser peu, plutôt broyé qu'en jus.
Ananas	Pelés.	++	On peut conserver les « yeux », l'extracteur les filtre.
Artichauts	–	–	À broyer, ne pas extraire en jus.
Asperges	Queues et parties ligneuses en morceaux.	++	Étonnamment douces : un jus à découvrir !
Avocats	–	–	À broyer, ne pas extraire en jus.
Bananes	–	–	À broyer, ne pas extraire en jus.
Betteraves	Pelées, en cubes.	+++	Rincer rapidement l'extracteur après pour qu'il ne se colore pas.
Blettes	Effiler les côtes, réserver le blanc pour un autre usage et ne mettre que les feuilles vertes dans l'extracteur.	+	Attention à leur teneur en acide oxalique. Quelques feuilles suffisent.
Brocolis	Pour le pied.	++	Jus épicé et savoureux, à utiliser comme un bouillon.
Carottes	Pelées ou non, coupées en morceaux.	+++	Douces et légères ; une base indispensable pour faire un jus en toute saison !
Céleris branche	Branches et feuilles coupées en morceaux.	++	Jus s'oxydant rapidement. Assez fort ; utiliser 1 branche par verre.
Cerises	À dénoyauter.	+++	Rincer rapidement l'extracteur après usage, jus qui colore.
Choux de Milan (kales)	Feuilles.	++	4 à 5 feuilles suffisent pour un jus.
Choux rouges	Feuilles, trognon.	++	Jus parfumé et un peu sucré, à mélanger avec des fruits pour atténuer le goût. Le plus facile des jus de chou !

Choux verts	Feuilles.	++	Goût puissant, de préférence en mélange.
Concombres	Coupés en cubes.	+++	Après avoir extrait le jus, utiliser les restes de pulpe (tzatziki, soupe froide), qui sont aqueux.
Courgettes	Coupées en cubes.	+	Après avoir extrait le jus, utiliser les restes de pulpe, qui sont aqueux.
Cresson	Bien lavé.	+	Puissant et poivré ; quelques feuilles suffisent à relever un jus.
Épinards	Lavés et grossièrement déchiquetés.	++	Varier régulièrement les légumes-feuilles dans les jus.
Fanes (radis, carottes)	Bien lavées et essuyées.	–	Broyées pour des pestos, des farces…
Fenouils	Coupés en lamelles.	+++	Doux et parfumés ; c'est l'un des légumes les plus faciles à adopter en jus, comme la carotte.
Figues	–	–	À broyer, ne pas extraire en jus.
Fines herbes (persil, basilic, cerfeuil, coriandre)	Feuilles et queues.	++	Idéal pour ne plus rien jeter !
Fraises	Équeutées.	–	À broyer, ne pas extraire en jus.
Framboises	Rincées et séchées.	–	À broyer, ne pas extraire en jus.
Fruits de la Passion	–	–	Les graines broyées peuvent avoir une saveur amère ; ni à broyer ni en jus.
Gingembre	Pelé.	+	Saveur puissante exhalée par l'extracteur. Réchauffe tous les jus et leur apporte un bonus savoureux.
Graines germées	Utiliser 10 g (2 c. à soupe) maximum par verre, car saveur très concentrée ; sauf blé.	+	Alfalfa : jus assez doux.
Grenades	Arilles (graines) sans peau blanche.	+++	La meilleure façon d'extraire du jus de grenade, sans amertume.
Kiwis	Pelés, en dés.	++	Les graines ne sont pas éclatées, donc le jus n'est pas piquant.
Mâche	En entier.	Comme le jus d'herbe.	Donne un jus « gras », très savoureux et doux, qui a du mal à se mélanger. Passer progressivement la mâche pour une meilleure texture.

Ingrédients	Préparation	Rendement en jus	Conseils
Maïs	–	–	À broyer, ne pas extraire en jus.
Mangues	–	–	À broyer, ne pas extraire en jus.
Melons	Pelés, coupés en dés.	++	Jaunes, orange ou verts ; leur richesse en eau donne un jus généreux.
Noix de coco fraîches	–	–	À broyer, ne pas extraire en jus.
Pamplemousses	Pelés.	++	Amertume qui se développe à l'extracteur ; à éviter, sauf en petites quantités.
Pastèques	Sans la peau blanche.	+++	Jus très agréable et broyage parfait pour des granités ou soupes de fruits.
Pêches	Coupées, dénoyautées.	+	Peuvent être passées en jus ou broyées façon nectar (ma préférence va au broyage).
Poires	Pelées ou non.	++	Jus trouble. Selon l'extracteur, utiliser un tamis fin ou une grosse grille pour limiter les pertes. Noircit rapidement : toujours ajouter quelques gouttes de jus de citron.
Poivrons (rouges, verts…)	Coupés en dés.	+	Une lamelle de poivron rouge est un excellent exhausteur de goût pour tous les jus à dominante rouge.
Pommes	Coupées en morceaux.	+++	Donnent un jus clair et transparent. Diversifiez les variétés !
Radis noirs, daikons	Pelés, en cubes.	++	Apportent du piquant. À utiliser en petites quantités. Super dépuratif pour le foie !
Radis roses	Lavés, sans les fanes.	++	Jus d'un très joli rose. La force du jus dépend du piquant du radis. Utiliser les fanes en petites quantités pour relever un jus.
Raisins	Sans les rafles.	+++	Blancs ou rouges, très sucrés. À utiliser seuls, ou ajouter quelques grains pour sucrer naturellement un jus plus puissant.
Rhubarbe	Tiges coupées en dés.	++	Ne pas consommer ce jus cru.
Salades (romaine, roquette…)	Lavées, essorées.	++	Intéressantes pour utiliser les feuilles extérieures un peu dures. La romaine est très juteuse.
Tomates	En morceaux.	+++	À broyer, ne pas extraire en jus.

PLATS ET CONDIMENTS

Ces recettes sont à réaliser avec un extracteur horizontal

PÂTÉS VÉGÉTAUX ET TARTINADES

PÂTÉ AUX SHIITAKÉS

Un classique très savoureux où la texture des shiitakés est respectée.

INGRÉDIENTS POUR 1 PETIT BOL (4 PERSONNES)

- 30 g de noix de cajou • 1 petite échalote • 250 g de shiitakés
- 1 c. à café d'huile d'olive • 1 c. à soupe d'huile de noisette
- 1 c. à soupe de levure maltée • 2 c. à café de sauce soja • Sel, poivre

MÉTHODE

Faire tremper les noix de cajou dans un bol rempli d'eau froide pendant 2 heures. Peler et hacher l'échalote. Préparer les champignons : les nettoyer et les couper en lamelles. Les faire cuire une dizaine de minutes à la poêle, avec l'huile d'olive, l'échalote et une pincée de sel pour leur faire rendre de l'eau. Passer à l'extracteur muni de son accessoire à broyer ou tamis à purée, selon votre extracteur, les noix de cajou égouttées, puis les champignons et l'échalote. Ajouter l'huile de noisette, la levure maltée, la sauce soja et poivrer. Mélanger et déguster à l'apéritif, sur des blinis, dans des sandwichs…

À savoir : remplacez les noix de cajou par des noisettes mises à tremper.

MUHAMMARA

Cette crème de poivron d'origine syrienne a essaimé avec succès dans tout le Bassin méditerranéen.

INGRÉDIENTS POUR 1 PETIT BOL

- 20 g de noix de Grenoble • 1 gros poivron rouge • ½ gousse d'ail
- 1 c. à soupe d'huile d'olive • 1 c. à café de mélasse de grenade
- 2 pincées de cumin moulu • 2 pincées de piment fumé (pimenton espagnol) • Sel

MÉTHODE

Faire tremper les noix dans un bol rempli d'eau froide pendant 2 heures. Laver le poivron puis le faire griller sous le gril du four, en le retournant régulièrement, jusqu'à ce que sa peau soit noircie de tous côtés. Le placer entre deux assiettes le temps qu'il refroidisse, puis ôter le pédoncule, les graines et la peau noircie. Peler l'ail. Passer à l'extracteur muni de son accessoire à broyer ou tamis à purée, selon votre extracteur les noix égouttées, l'ail et le poivron. Assaisonner la purée obtenue d'huile d'olive, de mélasse de grenade, de cumin, de piment et de sel. Servir avec des pains pita.

CAVIAR DE BETTERAVES À LA LIBANAISE

Pour changer de la betterave en salade, on la tartine !

INGRÉDIENTS POUR 1 PETIT BOL

- 1 gousse d'ail • 200 g de betteraves cuites • 2 c. à soupe de yaourt de brebis
- 1 c. à soupe d'huile d'olive • 1 c. à café de zaatar
- 1 c. à café de mélasse de grenade • Sel fin

MÉTHODE

Peler l'ail. Passer à l'extracteur muni de son accessoire à broyer ou tamis à purée, selon votre extracteur, les betteraves et l'ail.
Mélanger la purée obtenue avec le yaourt, l'huile d'olive, le zaatar, la mélasse de grenade et du sel. Servir avec des blinis ou des pains pita.

TARTINADE DE COURGETTE À LA GRECQUE

Quatre ingrédients seulement pour un voyage méditerranéen assuré !

INGRÉDIENTS POUR 1 PETIT BOL

- 1 petite courgette (environ 150 g) • 4 feuilles de menthe
- 25 g d'olives noires dénoyautées • 50 g de chèvre frais

MÉTHODE

Laver la courgette, puis couper ses extrémités. Laver et sécher la menthe. Passer à l'extracteur muni de son accessoire à broyer ou tamis à purée, selon votre extracteur, la courgette, les olives et la menthe. Ajouter le chèvre et mélanger pour obtenir une crème. Servir frais.

LES PESTOS

PESTO ALLA GENOVESE

Le vrai pesto se fait au mortier… une tradition vaincue par les mixeurs, et que l'extracteur va vous faire redécouvrir. Ainsi broyé, le basilic conserve mieux sa saveur délicate.

INGRÉDIENTS POUR 1 POT

- 2 gros bouquets de basilic (environ 70 g de feuilles) • 2 belles gousses d'ail
- 2 c. à soupe de pignons de pin • 50 g de parmesan
- 3 c. à soupe d'huile d'olive vierge extra • Sel fin, poivre du moulin

MÉTHODE

Laver et sécher le basilic. Prélever ses feuilles. Peler l'ail. Le passer à l'extracteur muni de l'accessoire à broyer ou tamis à purée. Passer ensuite les pignons de pin, puis le parmesan. Finir en broyant les feuilles de basilic. Mélanger le tout et incorporer l'huile d'olive en filet, en mélangeant sans cesse. Saler, poivrer. Conserver pendant 10 jours dans un bocal, au réfrigérateur.

PESTO DE CORIANDRE AUX GRAINES DE COURGE

Mon condiment préféré avec des frites de panisse ou un *veggie burger*.

INGRÉDIENTS POUR 1 POT

- 30 g de graines de courge • ½ bouquet de coriandre fraîche • ½ gousse d'ail
- 1 yaourt de lait de brebis • ¼ de c. à café de piment d'Espelette • Sel fin, poivre du moulin

MÉTHODE

Faire légèrement griller les graines de courge dans une poêle chaude. Passer la coriandre à l'extracteur, puis l'ail et enfin les graines de courge. Mélanger avec le yaourt et le piment, saler et poivrer. Réserver au frais jusqu'à utilisation.

À savoir : vous pouvez préparer des pestos avec les herbes et les oléagineux de votre choix. À vous les salades typées (mâche, roquette, cresson…) pour des pestos savoureux, ou des fanes bien fraîches (radis, carottes), de préférence mélangées avec une saveur plus douce ! Pour les conserver parfaitement, versez-les dans un bocal propre et couvrez leur surface d'une fine couche d'huile.

AUTOUR DU POIS CHICHE

HOUMOUS ET FALAFELS DE POIS CHICHES GERMÉS

Une même base de purée de pois chiches germés, à déguster en houmous cru ou à façonner en boulettes pour de délicieux falafels au four.

INGRÉDIENTS POUR 4 PERSONNES

- 200 g de pois chiches crus

Pour l'houmous
- 1 gousse d'ail • 2 c. à soupe de purée d'amande (ou de tahini)
- 3 c. à soupe d'huile d'olive • Le jus d'½ citron • Sel fin, cumin moulu

Pour les falafels
- 2 gousses d'ail • ½ botte de persil • ½ botte de coriandre • 50 g de farine de pois chiche
- 1 c. à café de bicarbonate de sodium • ½ c. à café de cumin moulu • ½ c. à café de coriandre moulue • 3 c. à soupe d'huile d'olive • Sel, poivre

MÉTHODE

Faire tremper les pois chiches pendant 24 heures dans une grande quantité d'eau froide, en changeant l'eau 2 à 3 fois. Les rincer, puis les laisser germer dans une passoire pendant 24 heures à température ambiante. Passer les pois chiches à l'extracteur muni de l'accessoire à broyer ou tamis à purée, pour obtenir une purée.

Pour l'houmous : Passer l'ail à l'extracteur pour obtenir une pâte. Mélanger la purée de pois chiches, l'ail, la purée d'amande, l'huile d'olive, le jus de citron, le sel et le cumin. Si la purée semble trop épaisse, ajouter de l'eau jusqu'à obtention de la texture désirée.

Pour les falafels : Préchauffer le four à 180 °C (th. 6). Broyer l'ail pelé à l'extracteur. Broyer le persil et la coriandre. Mélanger la purée de pois chiches, l'ail, le persil et la coriandre. Ajouter la farine, le bicarbonate, les épices, du sel et du poivre. Verser l'huile d'olive. Mélanger jusqu'à obtention d'une pâte dense et modelable : si nécessaire, rajouter un peu de farine. Façonner cette pâte en forme de boulettes. Les poser sur une plaque à pâtisserie couverte de papier sulfurisé. Enfourner pour 20 à 25 minutes.

SEMOULE DE CHOU-FLEUR

Mouliné à l'extracteur, le chou-fleur devient fine semoule…
à utiliser de multiples façons.

INGRÉDIENTS POUR 4 PERSONNES
- 1 petit chou-fleur, le plus frais possible

Façon taboulé
- 1 bouquet de persil • ½ bouquet de menthe • 2 tomates • ½ gousse d'ail
- Le jus de 1 citron • 3 c. à soupe d'huile d'olive • Sel fin, poivre du moulin

Façon houmous
- ½ gousse d'ail • 2 c. à soupe de tahini
- 3 c. à soupe d'huile d'olive • Le jus d'½ citron • Sel fin, poivre du moulin

MÉTHODE

Laver et sécher le chou-fleur. Séparer ses fleurettes. Les mouliner à l'extracteur muni de l'accessoire à broyer ou tamis à purée, selon votre extracteur, jusqu'à obtention d'une texture sablée de semoule. Utiliser cette semoule crue en accompagnement d'un plat au choix, après l'avoir assaisonnée.

Façon taboulé : Passer à l'extracteur muni de l'accessoire à broyer ou tamis à purée, le persil, la menthe, les tomates et l'ail pelé. Mélanger avec la semoule de chou-fleur. Assaisonner de jus de citron, d'huile d'olive, de sel et de poivre.
Laisser au réfrigérateur jusqu'au moment de consommer.

Façon houmous : Passer à l'extracteur muni de l'accessoire à broyer (ou tamis à purée) la demi-gousse d'ail. Mélanger la purée d'ail obtenue, le tahini, l'huile d'olive et le jus de citron.
Ajouter la semoule de chou-fleur, saler, poivrer et mélanger jusqu'à obtention de la texture d'une tartinade.

RISOTTO TOUT VERT AUX PLUCHES

Queues de bouquets d'herbes, pieds de brocolis, cosses de petits pois... avec un extracteur, on peut tirer le jus de parties de légumes que l'on avait tendance à négliger. Ultraparfumés, ces jus remplacent le bouillon de légumes et réussissent à donner à des plats le goût des légumes... sans qu'on en voie le moindre morceau !

INGRÉDIENTS POUR 4 PERSONNES

- Les cosses de 500 g de petits pois
- 1 branche de céleri
- Le pied de 1 brocoli
- Les queues de 1 bouquet de fines herbes (basilic, persil, coriandre...)
- 2 échalotes
- 1 c. à soupe d'huile d'olive
- 200 g de riz à risotto (arborio)
- 50 ml de vin blanc
- 2 avocats bien mûrs
- Sel fin, poivre du moulin

MÉTHODE

Passer à l'extracteur les cosses des petits pois bien lavées, la branche de céleri, puis le pied du brocoli coupé en dés et enfin les queues de fines herbes. Mesurer le jus vert ainsi obtenu et compléter avec de l'eau pour obtenir 500 ml de liquide. Saler avec ½ cuillerée à café de sel fin. Peler et hacher les échalotes. Faire dorer dans l'huile d'olive les échalotes et le riz. Verser le vin et le laisser s'évaporer. Ajouter le tiers du jus dilué et mélanger régulièrement avant d'en ajouter un autre tiers. N'ajouter le reste que quand tout le liquide précédent a été absorbé. Si nécessaire, ajouter un peu d'eau : le riz est cuit au bout de 18 minutes environ. Pendant la cuisson du riz, peler et écraser les avocats. Les ajouter au risotto et mélanger pour obtenir un mélange crémeux. Saler, poivrer et déguster chaud.

À savoir : à vous d'ajouter du jus de carotte, d'asperge... en fonction du marché !

PLATS ET CONDIMENTS

PURÉE DE POMMES DE TERRE

L'extracteur est le seul appareil qui permette de faire une purée non collante et moelleuse à souhait : essayez, vous serez étonné !

INGRÉDIENTS POUR 4 PERSONNES

- 1 kg de pommes de terre à chair farineuse (BF 15, bintje)
- 100 ml de lait ribot (ou de kéfir de lait)
- 80 g de beurre (ou 5 c. à soupe d'huile d'olive)
- Sel fin, poivre du moulin, noix muscade

MÉTHODE

Peler les pommes de terre.

Les plonger dans une grande casserole remplie d'eau froide salée et porter à ébullition.

Laisser cuire 20 à 30 minutes, jusqu'à ce que la pointe d'un couteau transperce sans difficulté les pommes de terre.

Les égoutter et les passer à l'extracteur muni de l'accessoire à broyer (ou tamis à purée).

Ajouter le lait ribot, le beurre froid coupé en petits morceaux (ou l'huile d'olive en filet), du sel, du poivre et de la noix muscade.

Mélanger en fouettant pour alléger le plus possible la texture de la purée.

Servir sans attendre.

CANEDERLI
(GNOCCHIS DE PAIN)

Dans le Trentin et le Haut-Adige italien, le pain sec devient gnocchis, accompagnés de speck et d'oignons revenus. En voici une version plus légère mais très savoureuse.

INGRÉDIENTS POUR 4 PERSONNES

- 200 g de pain rassis • 200 ml d'eau • 2 œufs • 60 g de parmesan
- 60 g de farine de sarrasin + 3 c. à soupe pour le façonnage
- Poivre, noix muscade • **Pour servir :** beurre fondu, sauge, parmesan

MÉTHODE

Faire tremper le pain dans l'eau pendant une dizaine de minutes.
L'essorer fortement entre les mains.
Ajouter les œufs, le parmesan, la farine de sarrasin, du poivre moulu et de la noix muscade râpée.
Mélanger jusqu'à obtention d'une pâte dense.
La séparer en boudins un peu moins larges que la cheminée de l'extracteur.
Les rouler dans la farine.
Munir l'extracteur de l'accessoire à broyer (ou tamis à purée) et d'une douille large de section ronde ou carrée. Passer l'appareil à gnocchis, boudin après boudin, à l'extracteur, en récupérant les fins boudins de pâte sur un plateau fariné.
Couper les boudins de pâte en petits morceaux à l'aide d'un couteau.
Porter une grande quantité d'eau salée à ébullition. Y plonger les gnocchis et les laisser cuire jusqu'à ce qu'ils remontent à la surface.
Prélever les gnocchis à l'aide d'une écumoire.
Servir avec du beurre fondu avec un peu de sauge et du parmesan râpé.

À savoir : selon le type de pain utilisé (complet, au levain, baguette), la quantité d'eau et des autres ingrédients peut varier. L'important est d'obtenir une pâte dense, mais pas sèche.

Avec certains extracteurs horizontaux, on peut même faire des pâtes !
Il faut que votre machine possède les douilles *ad hoc* : par extrusion
toute simple, la pâte est poussée dans des douilles à la forme adaptée.
On peut ainsi faire des pâtes fraîches minute.

PÂTES FRAÎCHES

Nouilles, spaghettis ou linguines frais se font en un clin d'œil…
et sans vaisselle excessive.

INGRÉDIENTS 4 PERSONNES

- 125 g de farine de blé T60
- 125 g de semoule de blé fine + quelques cuillerées
- ½ c. à café de sel fin
- 125 ml d'eau

MÉTHODE

Mélanger la farine, la semoule et le sel.

Verser l'eau et pétrir une dizaine de minutes, jusqu'à obtention d'une pâte homogène. On peut également utiliser un robot pétrisseur.

Couvrir la pâte d'un torchon et laisser reposer 1 heure.

Diviser la pâte en une dizaine de parts. Les rouler en petits boudins sur un plateau couvert de semoule fine.

Passer les boudins à l'extracteur muni de l'accessoire à broyer (tamis à purée) et de l'accessoire à pâtes. Recueillir les pâtes au fur et à mesure, les rouler rapidement dans la semoule et les disposer sur un plateau.

Faire cuire les pâtes à l'eau bouillante salée pendant 3 minutes (ou un peu plus selon leur forme) et servir avec une sauce au choix, par exemple un pesto (voir page 38).

À savoir : pour des pâtes colorées, le jus d'épinard et le jus de betterave (bien sûr préparés à l'extracteur) sont parfaits ! Vous pouvez aussi utiliser des fines herbes.

LES ÉPICES

L'extracteur joue ici pleinement son rôle de mortier : il permet de confectionner des mélanges d'épices moelleux, broyés juste ce qu'il faut, sans que les épices ne soient chauffées. De la sorte, elles expriment au mieux leur saveur. Une fois le basique gomasio (2 volumes de sésame légèrement grillé pour 1 volume de sel gris) maîtrisé, l'extracteur est l'outil idéal pour préparer des mélanges traditionnels moins communs dans le commerce.

DUKKAH

Originaire d'Égypte, ce mélange de graines et d'épices hautement addictif se saupoudre sur les pommes de terre, les légumes rôtis... et se déguste aussi après qu'on a trempé son pain dans l'huile d'olive. « Dakka » signifie simplement « écrasé », ce qui explique le nombre incroyable de variantes de ce mélange d'épices. Dans tous les cas, il contient toujours des oléagineux (pistaches, noisettes...) et au moins du cumin, du sésame et de la coriandre. L'ajout de pois chiches grillés améliore la conservation du mélange et fixe les arômes.

INGRÉDIENTS POUR ENVIRON 180 G

- 35 g de noisettes • 25 g de graines de tournesol • 20 g de pois chiches crus
- 20 g de graines de sésame • 1 c. à soupe de graines de cumin
- 1 c. à soupe de graines de coriandre • 1 c. à soupe de graines de fenouil (ou d'anis)
- 1 c. à soupe de graines de nigelle • 15 grains de poivre noir • 1 c. à café de fleur de sel

MÉTHODE

Faire légèrement dorer dans une poêle chaude les noisettes et les graines de tournesol. Les réserver. Faire griller les pois chiches dans la même poêle. Les réserver. Faire griller le sésame, le cumin, la coriandre, le fenouil, la nigelle et le poivre. Mélanger les épices avec les noisettes, les graines de tournesol, les pois chiches et le sel. Laisser refroidir 30 minutes, puis passer très progressivement à l'extracteur muni de l'accessoire à broyer (tamis à purée). Réserver dans un bocal hermétique.

BAHARAT

Mélange d'épices du Moyen-Orient dont le nom signifie tout simplement « épices », le baharat est délicieux sur les lentilles et toutes les légumineuses. Il est particulièrement équilibré et chaud. Vous l'avez déjà dégusté de nombreuses fois dans les spécialités turques et libanaises, en ignorant son nom !

INGRÉDIENTS POUR ENVIRON 50 G

- 2 c. à café de cosses de cardamome
- 2 c. à café de graines de cumin
- 1 c. à café de grains de poivre
- 1 c. à café de graines de coriandre
- ½ c. à café de clous de girofle
- ½ c. à café de noix muscade râpée
- ½ c. à café de poivre de la Jamaïque
- 1 petit bâton de cannelle

MÉTHODE

Ouvrir les cosses de cardamome et prélever les graines noires : cela doit représenter 1 cuillerée à café de graines. Compléter avec d'autres cosses si nécessaire.

Mélanger le cumin, la cardamome, le poivre, la coriandre, le girofle, la noix muscade et le poivre de la Jamaïque. Casser le bâton de cannelle entre les mains pour le réduire en brindilles.

Faire légèrement torréfier les épices dans une poêle chaude.

Laisser refroidir 30 minutes, puis passer très progressivement à l'extracteur muni de l'accessoire à broyer (ou tamis à purée, selon les extracteurs).

Réserver dans un bocal hermétique.

À savoir : la noix muscade étant très dure, certains extracteurs peuvent la broyer tandis que d'autres risquent de se bloquer. Le macis est un bon compromis si vous n'avez pas envie de râper de la muscade : il se broie sans difficulté à l'extracteur.

PÂTE DE CURRY THAÏE

La pâte de curry thaïlandaise contient de la pâte de crevettes séchées.
Pour un authentique curry végé, mieux vaut donc préparer
sa pâte soi-même : il vous suffira de la diluer dans du lait de coco
ou un bouillon de légumes quand l'envie de manger un plat
savoureusement épicé vous prendra !

INGRÉDIENTS 4 À 6 PERSONNES

- 2 piments thaïs (verts ou rouges, selon les goûts)
- 3 à 4 gousses d'ail
- 2 échalotes
- 1 morceau de galanga gros comme le pouce
- 2 tiges de citronnelle
- ½ bouquet de coriandre fraîche
- 2 c. à soupe d'huile de coco
- 2 c. à soupe de graines de coriandre
- 1 c. à soupe de graines de cumin
- 1 c. à café de grains de poivre
- ½ c. à café de sel fin
- Le zeste de 1 citron vert

MÉTHODE

Mettre des gants pour manipuler les piments.

Couper les piments en deux et ôter leurs graines. Les couper en morceaux.

Peler l'ail et les échalotes.

Peler le galanga avec le dos d'une petite cuillère afin d'obtenir une pelure très fine.

Couper les tiges dures de la citronnelle et la hacher grossièrement.

Rincer et sécher la coriandre, sans l'effeuiller.

Si l'huile de coco n'est pas liquide, la faire fondre à feu doux.

Passer à l'extracteur les graines de coriandre, le cumin et le poivre.

Passer ensuite les piments, le galanga, l'ail, les échalotes, la citronnelle,
les feuilles et les tiges de coriandre.

Ajouter le sel, l'huile de coco et le zeste de citron vert directement dans la préparation.

Mélanger pour obtenir une pâte homogène.

Conserver jusqu'à 2 semaines au réfrigérateur, dans un récipient hermétiquement fermé.

PLATS ET CONDIMENTS

SAMBAL DE COCO

Régal de la cuisine malaisienne et indonésienne, à mi-chemin entre la salade épicée, le condiment magique et le relève-tout, il transforme le moindre plat de riz en délice. À essayer aussi sur de l'ananas ou de la mangue, qui hésitent ainsi entre entrée et dessert !

INGRÉDIENTS POUR 1 BOL

- 1 noix de coco fraîche
- 1 gousse d'ail
- 1 morceau de gingembre d'environ 1,5 cm
- 1 petit oignon nouveau (avec sa tige verte)
- 1 petit bâton de citronnelle
- 1 piment vert (selon le goût)
- 8 feuilles de menthe
- 1 c. à café de sucre roux
- 1 c. à café de tamarin liquide
- Le jus d'½ citron vert

MÉTHODE

Percer la noix de coco : repérer en bas de la noix les 3 « yeux » foncés ; chercher du bout des doigts le plus souple et le percer à l'aide d'un couteau ou d'un tournevis. Vider la noix de son eau et conserver cette dernière pour un usage ultérieur. À l'aide d'un marteau, casser la noix. Ôter la partie dure et ligneuse, puis couper la noix en morceaux à l'aide d'un couteau. Peler l'ail et le gingembre. Ôter les radicelles de l'oignon. Couper la partie dure de la citronnelle, réserver son cœur. Ôter les graines du piment (si on en utilise). Passer la noix de coco à l'extracteur muni de l'accessoire à broyer (ou tamis à purée, selon les extracteurs). En peser 100 g et réserver le reste pour une autre recette. Passer ensuite à l'extracteur la citronnelle, l'oignon, l'ail, le gingembre et la menthe. Passer également le piment selon le goût. Mélanger dans un bol le sucre, le tamarin et le jus de citron. Ajouter la pulpe de coco et tous les autres ingrédients hachés. Mélanger et placer pour au moins 30 minutes au frais avant de servir avec du riz, des lentilles ou des fruits au choix. Ce sambal se conserve 3 jours dans une boîte hermétique.

À savoir : la noix de coco fraîche râpée se congèle très bien.
Vous pouvez également la déshydrater au four à 50 °C ou au déshydrateur.

Ces recettes sont à réaliser avec un extracteur horizontal

LES DESSERTS

MOUSSE CHOCOLAVOCAT

Un grand classique de la cuisine *vegan*. L'extracteur permet de confectionner une purée particulièrement soyeuse, sans goût métallique lié à l'échauffement causé par un blender.

INGRÉDIENTS POUR 4 PETITS POTS

- 2 avocats (environ 350 g de chair)
- 2 c. à soupe de cacao amer
- 3 c. à soupe de sirop d'érable (ou de sirop de riz malté)
- Quelques gouttes d'extrait de vanille
- 1 c. à café de rhum ambré

MÉTHODE

Peler et dénoyauter les avocats.

Les passer à l'extracteur muni de l'accessoire à broyer (ou tamis à purée, selon les extracteurs).

Mélanger la purée d'avocats avec le cacao, le sirop, la vanille et le rhum.

Fouetter la préparation pour l'aérer le plus possible.

Répartir dans 4 petits pots ou ramequins et placer au réfrigérateur.

Patienter au moins 2 heures avant de déguster.

MACARONS D'AMIENS

Un grand classique connu depuis le XVIe siècle, à la texture moelleuse.
On recommande d'utiliser un mortier pour incorporer les blancs :
avec l'extracteur, c'est un jeu d'enfant !

INGRÉDIENTS POUR 20 MACARONS ENVIRON

- 200 g de poudre d'amandes
- 170 g de sucre
- 1 c. à soupe de miel liquide
- 1 c. à soupe de gelée de pomme (ou de confiture d'abricots)
- 1 c. à café d'extrait de vanille
- 1 pincée de sel
- 2 blancs d'œufs
- 1 jaune d'œuf

MÉTHODE

Mélanger la poudre d'amandes, le sucre, le miel, la gelée, la vanille et le sel. Ajouter les blancs d'œufs et mélanger grossièrement. Passer la préparation à l'extracteur muni de l'accessoire à broyer (ou tamis à purée, selon les extracteurs) afin d'obtenir une pâte de la consistance d'une pâte d'amandes souple. Placer dans un récipient, couvrir et laisser au moins 6 heures au réfrigérateur. Préchauffer le four à 180 °C (th. 6). Rouler la pâte en un boudin de 4 cm de diamètre. Le découper en petites tranches d'environ 2 cm d'épaisseur. Les déposer sur une plaque couverte de papier sulfurisé. Les badigeonner de jaune d'œuf. Enfourner pour 20 minutes : les macarons doivent rester blonds. Laisser refroidir sur une grille.

Emballer chaque macaron dans un carré de papier d'aluminium pour qu'il conserve son moelleux. Bien emballés, ces macarons se conservent 10 jours.

GELÉES, CONFITURES ET COMPOTES

Coings, framboises, rhubarbe, baies et autres petits fruits rouges se transforment aisément en jus limpides, bien plus faciles à cuisiner en gelées et confitures !

GELÉE DE RHUBARBE À L'ANIS ÉTOILÉ

L'extracteur extrait le maximum de jus des fruits ligneux, pas forcément les plus simples à travailler en gelée. Pour la rhubarbe, quel gain de temps ! Groseilles, mûres, cassis et même grenades sont particulièrement faciles à transformer en jus grâce à l'extracteur. Le mieux est de les mélanger pour obtenir des gelées sur mesure.

INGRÉDIENTS POUR 2 BOCAUX

- 500 g de tiges de rhubarbe rose
- 250 g de sucre à confiture
- 1 étoile de badiane
- La peau et le trognon de 1 pomme
- Le jus d'½ citron

MÉTHODE

Laver et couper en bâtonnets ou en cubes les tiges de rhubarbe. Ne pas les peler : l'extracteur s'en chargera et la gelée sera ainsi joliment teintée. Laver les bocaux à l'eau savonneuse bien chaude, puis les rincer soigneusement. Les placer sans les sécher dans un plat à four et les enfourner à 100 °C (th. 3-4) pour le temps de cuire la gelée. Mélanger dans une casserole le jus de rhubarbe obtenu (environ 375 ml), le sucre, la badiane, la peau et le trognon de pomme, ainsi que le jus de citron. Porter à ébullition et laisser cuire environ 12 minutes, jusqu'à ce que le mélange atteigne la température de 106 °C. Ôter pépins et morceaux de pomme à l'aide d'une écumoire. Verser la gelée chaude dans les pots sortis du four. Les fermer hermétiquement, puis les retourner. Laisser refroidir la tête en bas. Cette gelée se conserve environ 1 an.

LES DESSERTS

DESSERTS GLACÉS

L'extracteur permet de broyer des fruits congelés, leur donnant ainsi une texture mousseuse proche d'un sorbet, à sucrer ou non. Ajouter de la banane leur offre une texture plus onctueuse : toutes les variations sont permises !

SORBET AUX FRUITS

À décliner selon les saisons… et ce que vous avez dans le congélateur.

INGRÉDIENTS POUR 4 PERSONNES

- 2 bananes
- 400 g de fruits surgelés au choix, en dés ou en petits morceaux : framboises, mangues, fraises, ananas…

······················ **MÉTHODE** ······················

Peler les bananes, les couper en rondelles et les placer au congélateur pour au moins 24 heures.
Sortir les fruits du congélateur 5 minutes à l'avance.
Passer la moitié des fruits à l'extracteur, puis 1 banane. Continuer avec le reste des fruits et finir par une banane, afin de récupérer le maximum de jus de fruit contenu dans l'extracteur.
Mélanger à la fourchette jusqu'à obtention d'une texture crémeuse.
Déguster sans attendre, par exemple avec un macaron d'Amiens (voir page 62).

Astuces :

• Congelez vos fruits un peu mûrs coupés en morceaux et disposés sur un plateau, puis mettez-les dans des sacs de congélation pour qu'ils prennent moins de place.

• Selon le goût, ajoutez un peu de sirop d'érable ou de sirop d'agave.

• Pour une texture encore plus crémeuse, quelques glaçons de lait de coco surgelé seront agréables. Attention, tous les extracteurs ne les apprécient pas, selon leur puissance !

GRANITÉ DE PASTÈQUE À L'ESTRAGON

Tout rouge, tout simple, tout frais !

INGRÉDIENTS POUR 4 PERSONNES

- 1 morceau de pastèque de 400 g environ
- 3 branches d'estragon
- 1 pincée de sel

MÉTHODE

Ôter grossièrement la peau et les pépins de la pastèque.

Passer les morceaux de pastèque à l'extracteur muni de l'accessoire à broyer (ou tamis à purée, selon les extracteurs).

Passer l'estragon à l'extracteur, puis mélanger avec la pulpe de pastèque et le sel.

Placer le tout dans un bac au congélateur et gratter régulièrement la surface du mélange jusqu'à obtention d'un granité (compter environ 4 heures).

Servir dans des verres préalablement placés au congélateur.

À savoir : de petits verres de ce granité parfumé d'une goutte de vodka ou de grappa font un digestif très chic… ou un shot très choc !

LES GOURMANDISES

TRUFFES AZUKAO

Très cacaotées, fondantes en bouche…
Mettez les chocolamaniaques au défi de trouver
l'ingrédient secret de ces truffes !

INGRÉDIENTS POUR UNE QUINZAINE DE TRUFFES

- 150 g de haricots azuki cuits
- 75 g de chocolat noir à 60 % de cacao
- 1 c. à café de sirop de riz malté (ou de sirop d'agave, ou de miel)
- 1 c. à café d'huile de coco
- 2 c. à soupe de cacao amer

MÉTHODE

Si les azukis sont en conserve, les rincer soigneusement et les égoutter.
Faire fondre le chocolat noir avec le sirop de riz et l'huile de coco.
Réduire les azukis en purée à l'aide de l'accessoire à broyer
(ou tamis à purée) de l'extracteur.
Mélanger la purée d'azukis avec la préparation au chocolat. Laisser durcir 2 heures à température ambiante. Prélever des cuillerées de pâte et les rouler dans le cacao amer.
Conserver 5 jours au réfrigérateur, dans une boîte hermétique.

LES DESSERTS

TRUFFES MAROCAINES

Inspirées de la pâte de dattes qui garnit les pâtisseries orientales, de petites bouchées énergétiques délicieuses avec un thé à la menthe pour recharger les batteries à l'heure du goûter…

INGRÉDIENTS POUR UNE QUARANTAINE DE BOUCHÉES

- 60 g d'amandes non mondées
- 60 g de noisettes non mondées
- 120 g de dattes
- 1 c. à soupe d'eau de fleur d'oranger
- ½ c. à café de cannelle moulue
- Le zeste finement râpé d'½ orange non traitée
- 60 g de graines de sésame blanc

MÉTHODE

Faire tremper dans de l'eau froide les amandes et les noisettes pendant au moins 4 heures. Dans un autre récipient, faire tremper les dattes dans de l'eau froide. Égoutter les amandes, les noisettes et les dattes. Dénoyauter les dattes. Passer à l'extracteur muni de l'accessoire à broyer (ou tamis à purée) les amandes, les noisettes et les dattes, en les alternant. Mélanger la pâte ainsi obtenue avec l'eau de fleur d'oranger, la cannelle et le zeste d'orange. Placer la pâte pour 30 minutes au réfrigérateur. Prélever des cuillerées de pâte et les rouler dans les graines de sésame blanc. Conserver 5 jours au réfrigérateur.

Achevé d imprimer en mars 2016